AF175208

Impressum
Verlag: BABADADA GmbH, Nedderfeld 112 , 22529 Hamburg
Geschäftsführer / Verlagsleitung: Harald Hof
Druck: Books on Demand GmbH, In de Tarpen 42, 22848 Norderstedt

Imprint
Publisher: BABADADA GmbH, Nedderfeld 112 , 22529 Hamburg, Germany
Managing Director / Publishing direction: Harald Hof
Print: Books on Demand GmbH, In de Tarpen 42, 22848 Norderstedt

colegio
դպրոց

dividir
բաժանել
186/2
pizarrón
գրատախտակ
aula
մատյան
patio de escuela
խաղադաշտ
maestro
ուսուցիչ
papel
թուղթ
escribir
գրել
birome
գրիչ
escritorio
գրասեղան
regla
քանոն
libro
գիրք
alumno
աշակերտ

mochila
պայուսակ

caja de lápices
գրչատուփ

lápiz
մատիտ

sacapuntas
մատիտի սրիչ

goma (de borrar)
ռետին

bloc de dibujo
նկարչական ալբոմ

dibujo

նկարչություն

pincel

վրձին

caja de pinturas

ներկերի տուփ

tijera

մկրատ

pegamento

սոսինձ

cuaderno de ejercicios

տետր

tarea

Տնային աշխատանք

número

թիվ

sumar

գումարել

restar

հանել

multiplicar

բազմապատկել

calcular

հաշվել

letra

տառ

abecedario

այբուբեն

palabra

բառ

texto

տեքստ

leer

կարդալ

tiza

կավիճ

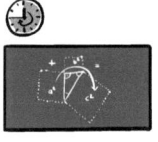

lección

դաս

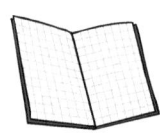

cuaderno de clase

մատյան

examen

քննություն

certificado

վկայական

uniforme escolar

դպրոցական համազգեստ

educación

կրթություն

enciclopedia

հանրագիտարան

universidad

համալսարան

microscopio

մանրադիտակ

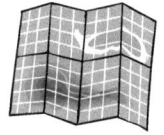

mapa

քարտեզ

tacho (de basura)

աղբարկղ

hotel
հյուրանոց
hostel
հանրակացարա
ն
casa de cambio
փոխանակման
կետ
valija
ճամպրուկ
auto
ավտոմեքենա

idioma

լեզու

sí / no

այո / ոչ

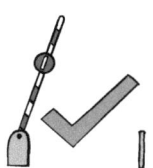

Está bien

Լավ

hola

ողջույն

traductor

թարգմանիչ

Gracias

Շնորհակալություն

¿cuánto cuesta…?

Որքան է ...?

No entiendo

Ես չեմ հասկանում

problema

խնդիր

¡Buenas tardes!

Բարի երեկո

¡Buenos días!

Բարի լույս

¡Buenas noches!

Բարի երեկո

adiós

ցտեսություն

dirección

ուղղություն

equipaje

ուղղեբեռ

bolso

պայուսակ

mochila

մեջքի պայուսակ

invitado

հյուր

habitación

սենյակ

bolsa de dormir

քնապարկ

carpa

վրան

información turística

Զբոսաշրջության տեղեկատվական

playa

լողափ

tarjeta de crédito

ԿՐԵԴԻՏ քարտ

desayuno

նախաճաշ

almuerzo

լանչ

cena

ճաշ

pasaje

տոմս

ascensor

վերելակ

sello

կնիք

frontera

սահման

aduana

մաքսային

embajada

դեսպանություն

visa

մուտքի արտոնագիր

pasaporte

անձնագիր

transporte

Փոխադրամիջոցներ

avión
ինքնաթիռ
barco
նավ
autobomba
հրշեջ մեքենա
camión
բեռնատար մեքենա
colectivo
ավտոբուս
lancha a motor
մոտորանավակ
auto
ավտոմեքենա
bicicleta
հեծանիվ

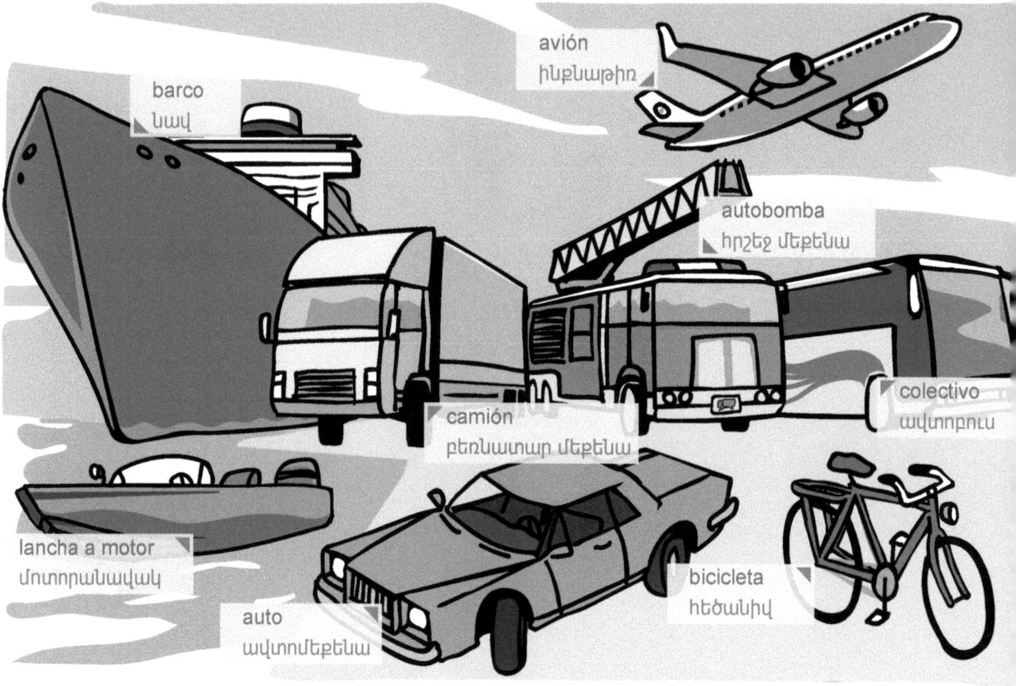

ferry

լաստանավ

bote

նավակ

moto

մոտոցիկլ

patrullero

ոստիկանության մեքենա

auto de carreras

մրցարշավային մեքենա

auto de alquiler

վարձակալվող մեքենա

alquiler de autos

մեքենայի վարձակալում

grúa

էվակուատոր

camión de basura

աղբահանության մեքենա

motor

շարժիչ

nafta

վառելիք

estación de servicio

բենզալցակայան

señal de tránsito

երթևեկության նշան

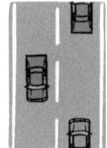

tránsito

երթևեկություն

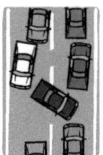

embotellamiento

խցանում

estacionamiento

ավտոկանգառ

estación de tren

երկաթուղային կայարան

vías

երկաթուղագիծ

tren

գնացք

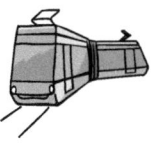

tranvía

տրամվայ

vagón

վագոն

helicóptero

ուղղաթիռ

aeropuerto

օդանավակայան

torre

աշտարակ

pasajero

ուղևոր

contenedor

աման

caja de cartón

խավաքարտ

carretilla

սայլ

canasta

զամբյուղ

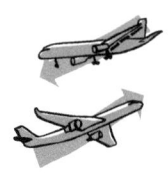

despegar / aterrizar

հանեք / հողատարածք

ciudad
քաղաք

pueblo

գյուղ

centro de ciudad

քաղաքի կենտրոնում

casa

տուն

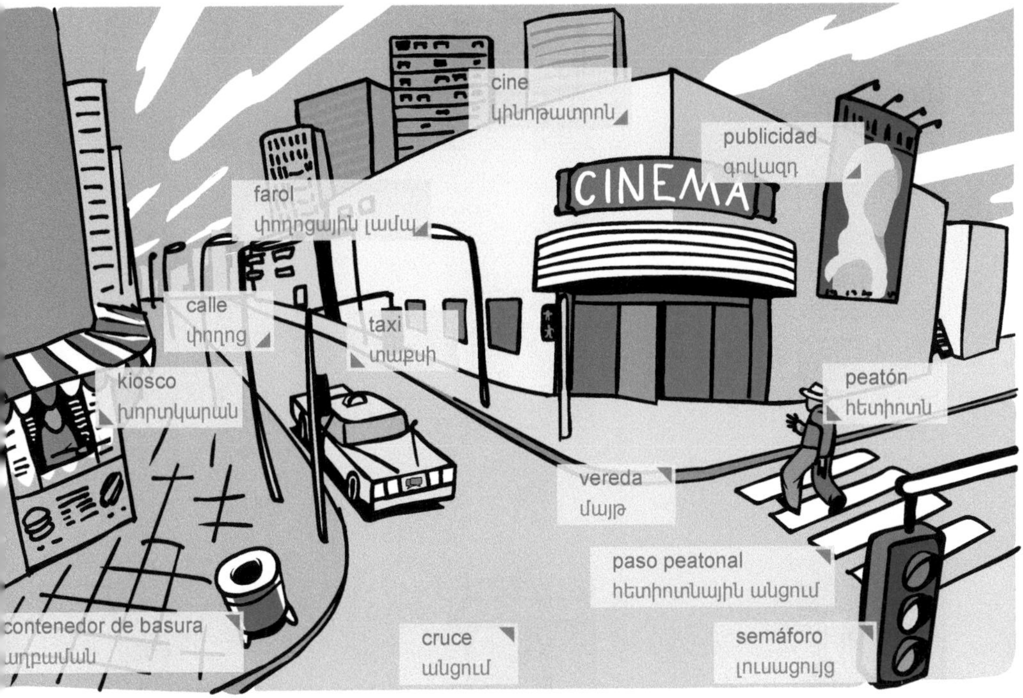

cine
կինոթատրոն
publicidad
գովազդ
CINEMA
farol
փողոցային լամպ
calle
փողոց
taxi
տաքսի
kiosco
խորտկարան
peatón
հետիոտն
vereda
մայթ
paso peatonal
հետիոտնային անցում
contenedor de basura
աղբաման
cruce
անցում
semáforo
լուսացույց

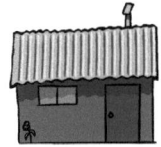

cabaña
....
խրճիթ

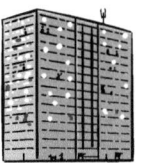

departamento
....
բնակարան

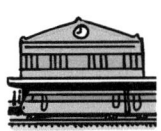

estación de tren
....
երկաթուղային կայարան

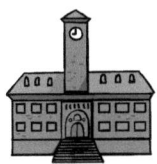

municipalidad
....
քաղաքապետարան

MUSEUM

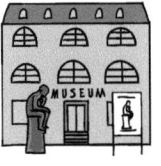

museo
....
թանգարան

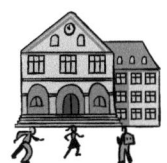

colegio
....
դպրոց

universidad

համալսարան

banco

բանկ

hospital

հիվանդանոց

hotel

հյուրանոց

farmacia

դեղատուն

oficina

գրասենյակ

librería

գրքույկ խանութ

negocio

խանութ

florería

ծաղկի խանութ

supermercado

սուպերմարկետ

mercado

շուկա

grandes tiendas

հանրախանութ

pescadería

ձկան խանութ

centro comercial

առևտրի կենտրոն

puerto

նավահանգիստ

parque

զբոսայգի

banco

բանկերը

puente

կամուրջ

escaleras

աստիճաններ

subte

մետրո

túnel

թունել

parada del colectivo

ավտոբուսի կանգառ

bar

բար

restaurante

ռեստորան

buzón

փոստարկղ

letrero

փողոցային նշան

parquímetro

ավտոկայանման հաշվիչ

zoológico

կենդանաբանական այգի

pileta

լողավազան

mezquita

մզկիթ

ciudad - քաղաք

granja

ֆերմա

contaminación

աղտոտման

cementerio

գերեզմանոց

iglesia

եկեղեցի

juegos infantiles

խաղահրապարակ

templo

տաճար

paisaje
բնապատկեր

hoja
փեղկ

poste indicador
ուղղության նշան

camino
ճանապարհ

pradera
մարգագետին

piedra
քար

excursionista
արշավականներ

árbol
ծառ

río
գետ

hierba
խոտ

flor
ծաղիկ

valle

հովիտ

montaña

բլուր

lago

լիճ

bosque

անտառ

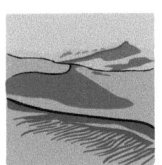

desierto

անապատ

volcán

հրաբուխ

castillo

ամրոց

arco iris

ծիածան

champiñón

սունկ

palmera

արմավենու ծառ

mosquito

մժեղ

mosca

թռչել

hormiga

մրջյուն

abeja

մեղու

araña

սարդ

escarabajo

բզեզ

rana

գորտ

ardilla

սկյուռ

erizo

ոզնի

liebre

նապաստակ

lechuza

բու

pájaro

թռչուն

cisne

կարապ

jabalí

վարազ

ciervo

եղջերու

alce

իշայծյամ

presa

պատնեշ

aerogenerador

քամին տուրբինների

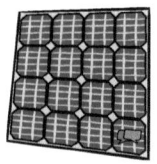

panel solar

արեւային վահանակ

clima

կլիմա

mozo
մատուցող
menú
մենյու
silla
աթոռ
sopa
ապուր
pizza
պիցցա
cubiertos
սպասք
mantel
սփռոց

entrada

ստարտեր

plato principal

հիմնական կերակուր

postre

դեսերտ

bebidas

օրական

comida

սնունդ

botella

շիշ

comida rápida

արագ սնունդ

comida callejera

streetfood

tetera

թեյնիկ

azucarera

շաքարաման

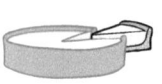

porción

բաժին

cafetera expreso

էսպրեսսո մեքենա

sillita alta

մանկական աթոռ

cuenta

օրինագիծ

bandeja

սկուտեղ

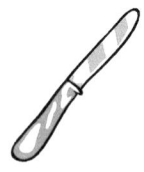

cuchillo

դանակ

tenedor

պատառաքաղ

cuchara

գդալ

cucharita

թեյի գդալ

servilleta

անձեռոցիկ

vaso

ապակի

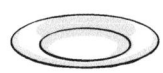

plato

ափսե

plato hondo

խոր ափսե

plato

պնակ

salsa

սոուս

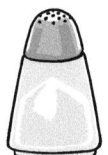

salero

աղաման

molinillo de pimienta

պղպեղի աղաց

vinagre

քացախ

aceite

ձեթ

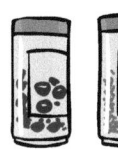

especias

համեմունքներ

kétchup

կետչուպ

mostaza

մանանեխ

mayonesa

մայոնեզ

supermercado
սուպերմարկետ

oferta especial
հատուկ առաջարկ
cliente
հաճախորդ
lácteos
Dairy
fruta
միրգ
changuito
գնումների սայլակ

carnicería

մսամթերքի խանութ

panadería

հացամթերքի խանութ

pesar

կշռել

verduras

բանջարեղեն

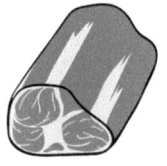

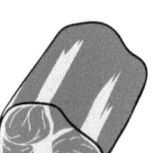

carne

միս

alimentos congelados

սառեցված սննդամթերքի

fiambres

երշիկեղեն

alimentos enlatados

պահածոների

detergente en polvo

լվացքի փոշի

golosinas

քաղցրավենիք

electrodomésticos

տնտեսական ապրանքներ

productos de limpieza

մաքրող միջոցներ

vendedora

վաճառող

caja

դրամարկղ

cajero

գանձապահ

lista de compras

գնումների ցուցակ

horario de atención

ժամերը

billetera

դրամապանակ

tarjeta de crédito

ԿՐԵԴԻՏ քարտ

cartera

պայուսակ

bolsa de plástico

պլաստիկ տոպրակ

bebidas
օրական

agua

ջուր

jugo

հյութ

leche

կաթ

bebida cola

կոլա

vino

գինի

cerveza

գարեջուր

alcohol

սպիրտ

cacao

կակաո

té

թեյ

café

սուրճ

café expreso

էսպրեսսո

cappuccino

կապուչինո

banana

բանան

manzana

խնձոր

naranja

նարնջի

melón

սեխ

limón

կիտրոն

zanahoria

գազար

ajo

սխտոր

bambú

բամբուկ

cebolla

սոխ

champiñón

սունկ

nueces

ընկուզեղեն

fideos

արիշտա

tallarines

սպագետտի

arroz

բրինձ

ensalada

աղցան

papas fritas

չիպս

papas fritas

տապակած կարտոֆիլ

pizza

պիցցա

hamburguesa

համբուրգեր

sándwich

սենդվիչ

churrasco

կոտլետ

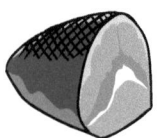

jamón

խոզապուխտ

salame

սալյամի

salchicha

երշիկ

pollo

հավ

asado

խորոված

pescado

ձուկ

copos de avena

վարսակի փաթիլներ

muesli

մյուսլի

copos de maíz

եգիպտացորենի փաթիլներ

harina

ալյուր

medialuna

կրուասան

pancito

բուլկի

pan

հաց

tostada

տոստ

galletitas

թխվածքաբլիթներ

manteca

կարագ

cuajada

կաթնաշոռ

torta

տորթ

huevo

ձու

huevo frito

տապակած ձու

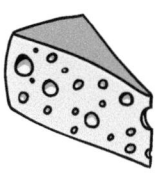

queso

պանիր

helado

պաղպաղակ

azúcar

շաքար

miel

մեղր

mermelada

ջեմ

pasta de chocolate

նուգա սերուցք

curry

կարրի

granja
ֆերմա

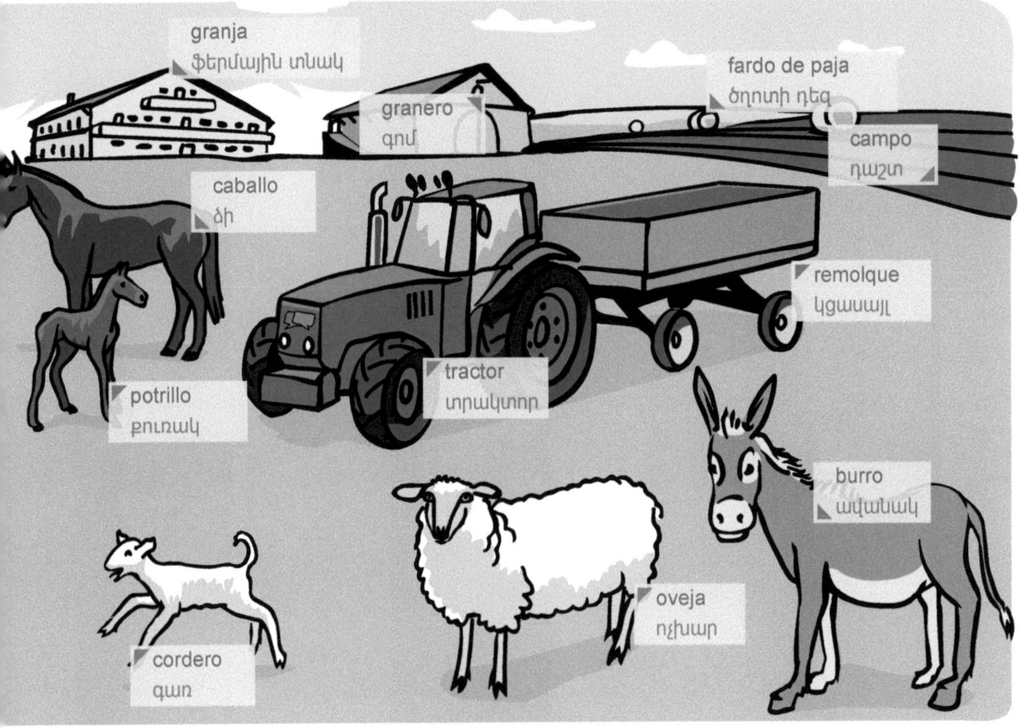
granja
ֆերմային տնակ
granero
գոմ
fardo de paja
ծղոտի դեզ
campo
դաշտ
caballo
ձի
remolque
կցասայլ
potrillo
քուռակ
tractor
տրակտոր
burro
ավանակ
oveja
ոչխար
cordero
գառ

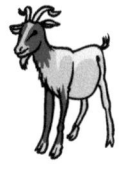

cabra

այծ

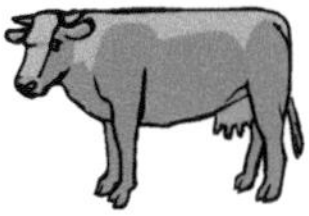

vaca

կով

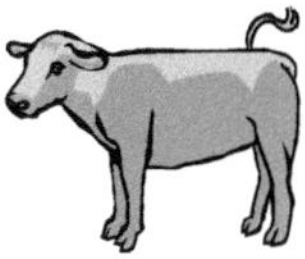

ternero

հորթ

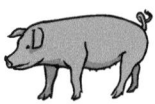

cerdo

խոզ

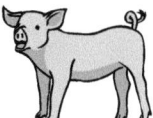

lechón

խոճկոր

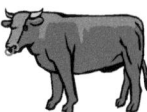

toro

ցուլ

ganso

սագ

pato

բադ

pollo

ճուտ

gallina

հավ

gallo

աքլոր

rata

առնետ

gato

կատու

ratón

մուկ

buey

ցուլ

perro

շուն

cucha

շան բուն

manguera

այգու փողրակ

regadera

watering կարող է

guadaña

գերանդի

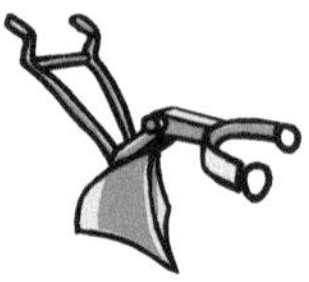

arado

գութան

hoz

մանգաղ

azada

թոխր

horquilla

եղան

hacha

կացին

carretilla

միանիվ ձեռնասայլակ

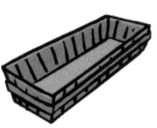

abrevadero

կերակրատաշտ

lechera

կաթի բիդոն

bolsa

պարկ

reja

ցանկապատ

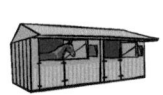

establo

կայուն

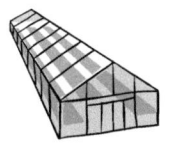

invernadero

ջերմոց

suelo

հող

semilla

սերմ

fertilizador

պարարտանյութ

cosechadora

բերքահավաք կոմբայն

cosechar

բերք

cosecha

բերք

batatas

յամս

trigo

ցորեն

soja

սոյա

papa

կարտոֆիլ

maíz

եգիպտացորեն

semilla de colza

rapeseed

árbol frutal

մրգային ծառ

mandioca

manioc

cereales

շիլաներ

casa
տուն

chimenea
ծխնելույզ
techo
տանիք
caño de desagüe
ջրհորդան խողովակ
ventana
պատուհան
garaje
ավտոտնակ
timbre
դռան զանգ
puerta
դուռ
tacho de basura
աղբարկղ
buzón
փոստարկղ
jardín
պարտեզ

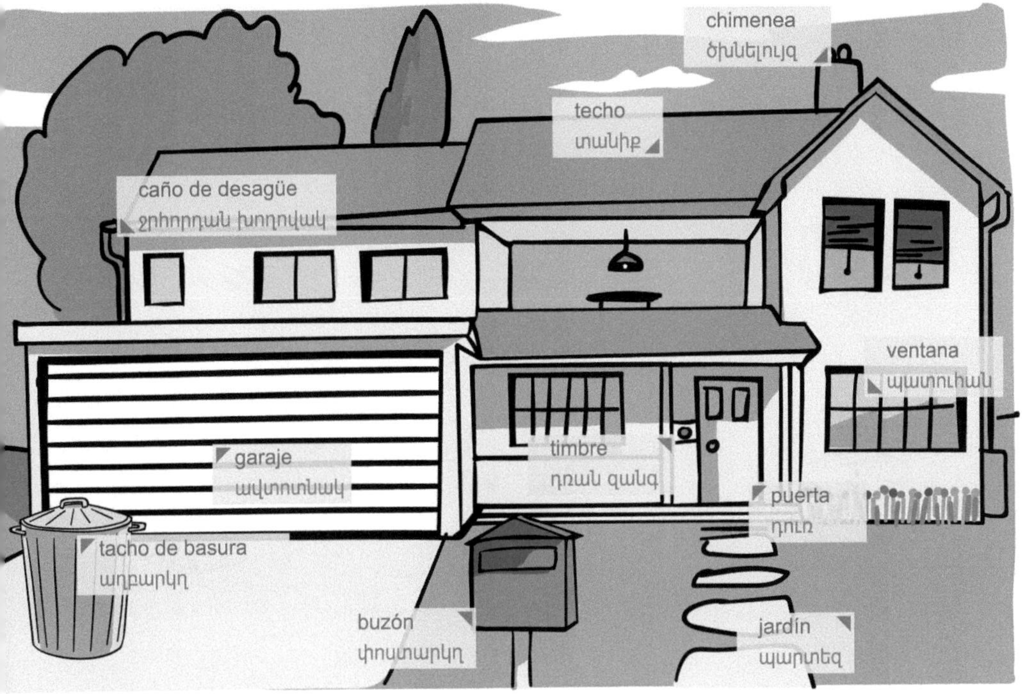

living

հյուրասենյակ

baño

լողասենյակ

cocina

խոհանոց

dormitorio

ննջարան

cuarto de los chicos

մանկական սենյակ

comedor

ճաշասենյակ

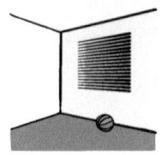

piso

հարկ

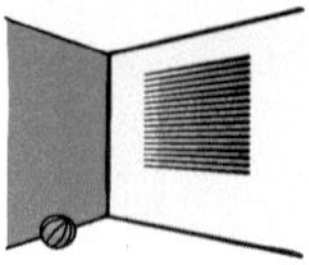

pared

պատ

cielorraso

առաստաղ

sótano

նկուղ

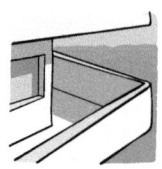

sauna

շոգեբաղնիք

balcón

պատշգամբ

terraza

պատշգամբ

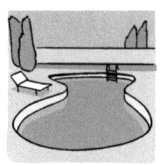

pileta

ավազան

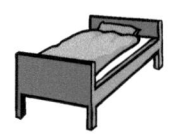

cortadora de pasto

խոտհնձիչ

sábana

թերթ

acolchado

անկողնու ծածկոց

cama

մահճակալ

escoba

ավել

balde

դույլ

interruptor

անջատիչ

living
հյուրասենյակ

empapelado
պաստառ
imagen
նկար
lámpara
լամպ
estante
դարակ
armario
բուֆետ
televisión
հեռուստացույց
chimenea
բուխարի
flor
ծաղիկ
almohadón
բարձ
sofá
բազմոց
florero
սկահակ
control remoto
հեռակառավարման
վահանակ

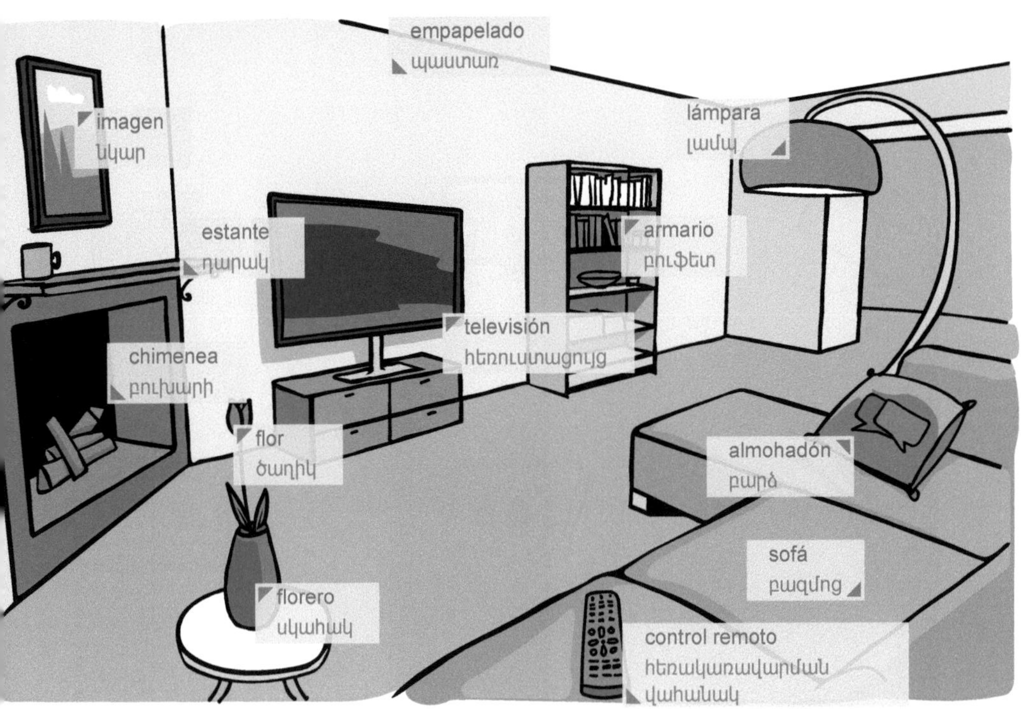

alfombra
գորգ

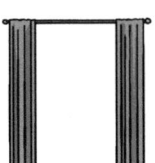

cortina
վարագույր

mesa
սեղան

silla
աթոռ

mecedora
ճոճվող բազկաթոռ

sillón
բազկաթոռ

libro

գիրք

frazada

վերմակ

decoración

զարդարանք

leña

վառելափայտ

película

ֆիլմ

equipo de música

hi-fi

llave

բանալի

diario

թերթ

pintura

նկար

póster

պլակատ

radio

ռադիո

cuaderno

տետր

aspiradora

փոշեկուլ

cactus

կակտուս

vela

մոմ

cocina
խոհանոց

heladera
սառնարանի
microondas
միկրոալիքային վառարան
balanza de cocina
խոհանոցի կշեռք
tostadora
տոստեր
detergente
լվացող հեղուկ
horno
վառարան
freezer
սառնարան
tacho de basura
աղբարկղ
lavaplatos
աման լվացող սարք

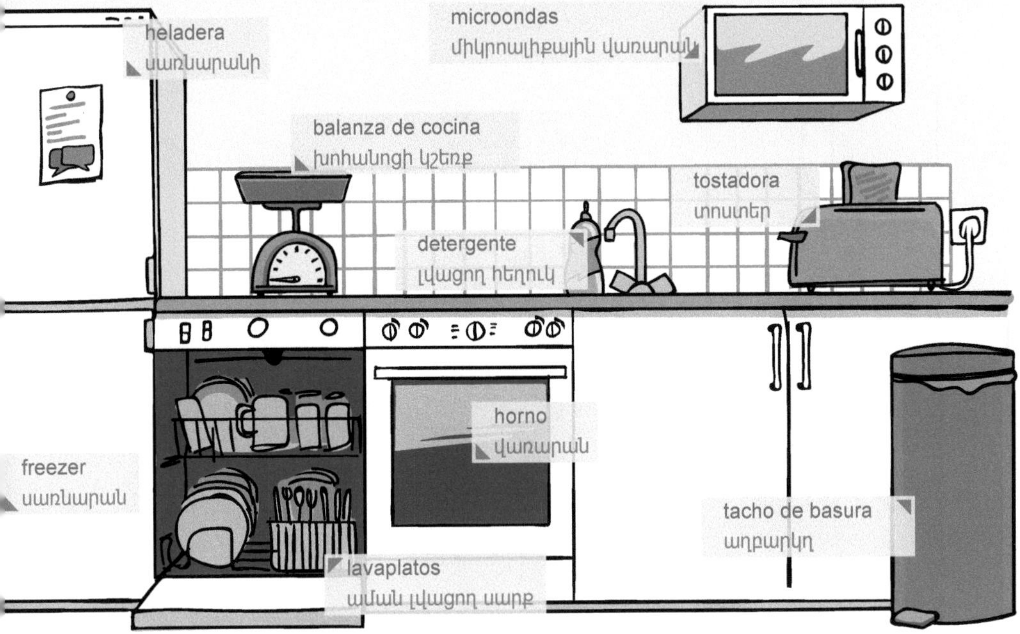

cocina
կաթսա

olla
կճուճ

olla de hierro fundido
թուջե աման

wok
wok / kadai

sartén
թավա

pava
թեյնիկ

vaporera

շոգենավ

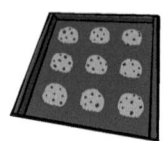

bandeja de horno

ջեռոցի սկուտեղ

vajilla

ամանեղեն

taza

բաժակ

bol

խորը աման

palitos

փայտիկներ

cucharón

շերեփ

estpátula

խոհանոցային բահիկ

batidora

հարել

colador

քամիչ

colador

մաղ

rallador

քերիչ

mortero

հավանգ

parrilla

խորոված

fogata

բաց կրակի

tabla de picar

տախտակ

palo de amasar

գրտնակ

sacacorchos

խցանահան

lata

բանկա

abrelatas

բացիչ

manopla

խոհանոցային բռնիչ

pileta

լվացարան

cepillo

խոզանակ

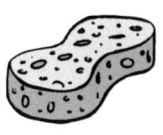

esponja

սպունգ

batidora

բլենդեր

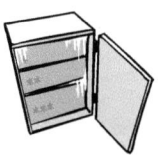

congelador

սառնարան

mamadera

մանկական շիշ

canilla

թակել

baño
լողասենյակ

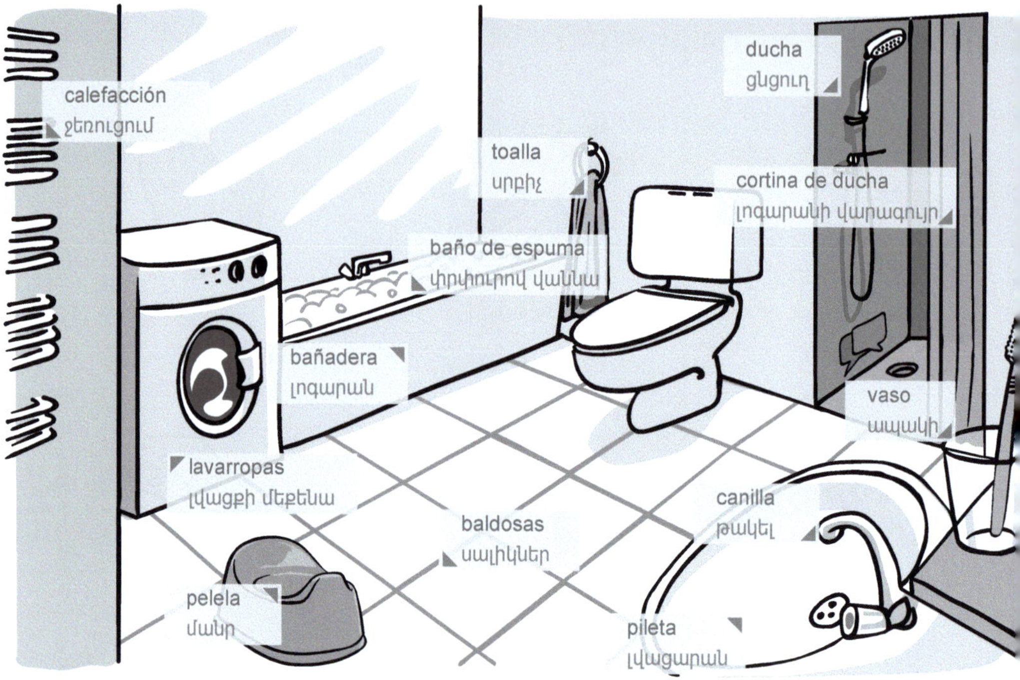

calefacción
ջեռուցում
ducha
ցնցուղ
toalla
սրբիչ
cortina de ducha
լոգարանի վարագույր
baño de espuma
փրփուրով վաննա
bañadera
լոգարան
vaso
ապակի
lavarropas
լվացքի մեքենա
canilla
թակել
baldosas
սալիկներ
pelela
մանր
pileta
լվացարան

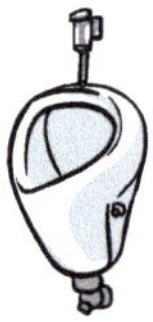

inodoro
....
զուգարան

letrina
....
կզելը զուգարան

bidé
....
բիդե

mingitorio
....
pissoir

papel higiénico
....
զուգարանի թուղթ

cepillo para el inodoro
....
զուգարանի խոզանակ

cepillo de dientes

ատամի խոզանակ

dentífrico

ատամի քսուք

hilo dental

ատամի թել

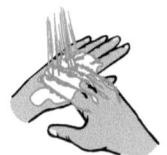

lavar

լվանալ

ducha de mano

ձեռքի ցնցուղ

ducha higiénica

ցնցուղ

palangana

ավազան

cepillo para espalda

մեջքի խոզանակ

jabón

օճառ

gel de ducha

լոգանքի գել

shampoo

շամպուն

toallita

ճիլոպ

desagüe

հատականցք

crema

կրեմ

desodorante

դեզոդորանտ

espejo

հայելի

espejito

ձեռքի հայելի

maquinita de afeitar

սափրիչ

espuma de afeitar

Սափրվելու փրփուր

aftershave

սափրվելուց հետո քսվող լոսյոն

peine

սանր

cepillo

խոզանակ

secador de pelo

մազերի չորացուցիչ

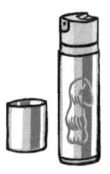

spray

մազի լաք

maquillaje

դիմահարդարում

lápiz de labios

շրթնաներկ

esmalte para uñas

եղունգների լաք

algodón

բամբակ

tijera para uñas

եղունգների մկրատ

perfume

օծանելիք

portacosméticos

դիմահարդարման պայուսակ

banqueta

աթոռակ

balanza

կշեռք

bata

լողանալու խալաթ

guantes de goma

ռետինե ձեռնոցներ

tampón

տամպոն

toallita femenina

սանիտարական սրբիչ

baño químico

քիմիական զուգարան

cuarto de los chicos

մանկական սենյակ

despertador
զարթուցիչ ժամացույց
peluche
փափուկ խաղալիք
coche de juguete
խաղալիք մեքենա
sonajero
բլբլալ
casa de muñecas
տիկնիկների տնակ
regalo
ներկա

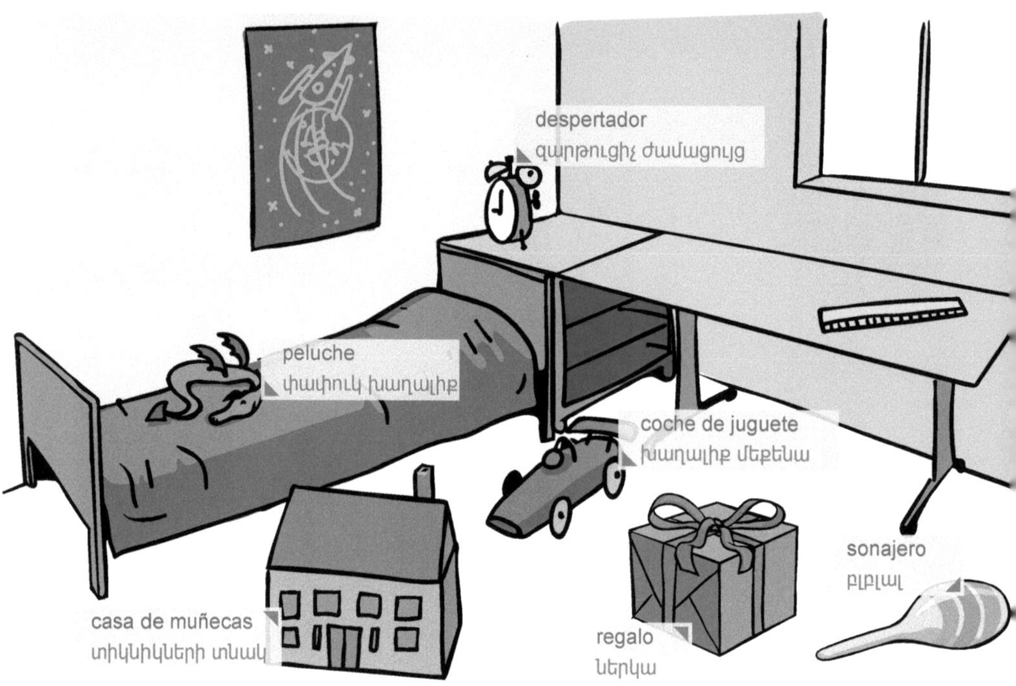

globo

փուչիկ

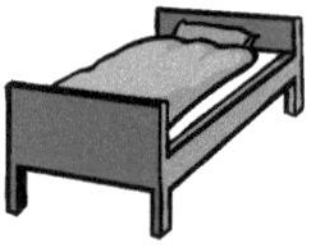

cama

մահճակալ

cochecito

մանկական սայլակ

cartas

խաղաթղթեր

rompecabezas

խճապատկեր

historieta

կոմիքս

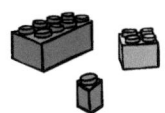

piezas de lego

Լեգո կուբիկներ

ladrillos de juguete

կառուցողական խաղալիքներ

figura de acción

ակցիան գործիչ

enterito (de bebé)

մանկական բոդի

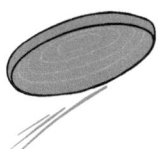

frisbee

Frisbee

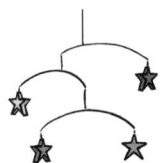

móvil para bebés

շարժական

juego de mesa

խաղատախտակ

dados

զառախաղ

tren eléctrico

գնացքների կազմ

chupete

ծծակ

fiesta

կուսակցություն

libro de cuentos ilustrado

մանկական պատկերազարդ գիրք

pelota

գնդակ

muñeca

տիկնիկ

jugar

խաղալ

arenero

ավազե խաղահրապարակի

hamaca

ռիթմ

juguetes

Խաղալիքներ

consola de videojuegos

վիդեո խաղ մխիթարել

triciclo

եռանիվ հեծանիվ

osito de peluche

խաղալիք արջուկ

armario

պահարան

ropa

հագուստ

medias

կիսագուլպա

medias panty

գուլպա

calzas

զուգագուլպա

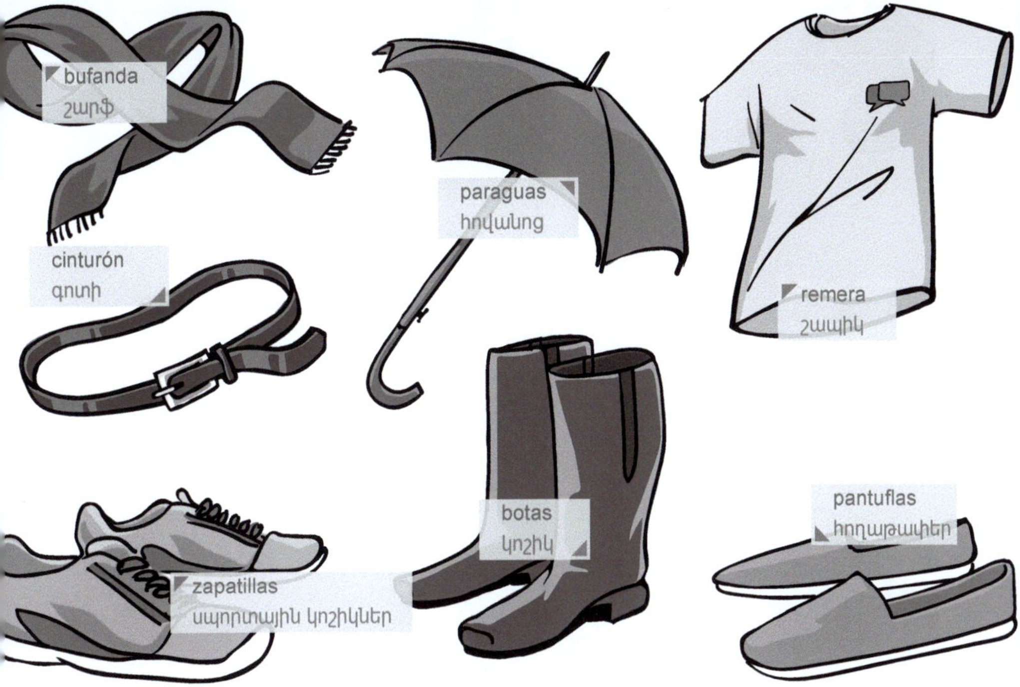

bufanda
շարֆ

cinturón
գոտի

paraguas
հովանոց

remera
շապիկ

botas
կոշիկ

pantuflas
հողաթափեր

zapatillas
սպորտային կոշիկներ

sandalias
սանդալներ

zapatos
կոշիկ

botas de goma
ռետինե կոշիկներ

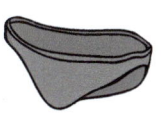

ropa interior
վարտիք

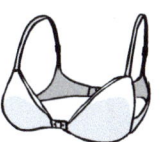

corpiño
կրծկալ

chaleco
մայկա

body

մարմին

pantalones

անդրավարտիք

jeans

ջինս

pollera

կիսաշրջազգեստ

blusa

բլուզ

camisa

վերնաշապիկ

pulóver

պուլովեր

buzo

սպորտային կուրտկա

blazer

պիջակ

campera

կուրտկա

tapado

վերարկու

piloto

անձրևանոց

traje

կանացի կոստյում

vestido

զգեստ

vestido de novia

հարսանյաց զգեստ

traje

տղամարդու կոստյում

camisón

գիշերանոց

pijama

պիժամա

sari

Սարի

pañuelo para cabeza

գլխաշորն

turbante

չալմա

burka

չադրա

caftán

արևելյան խալաթ

abaya

հաստ վերարկու

traje de baño

կանացի լողազգեստ

short de baño

տղամարդու լողազգեստ

shorts

շորտ

jogging

սպորտային համազգեստ

delantal

գոգնոց

guantes

ձեռնոցներ

botón

կոճակ

anteojos

ակնոց

pulsera

ապարանջան

collar

վզնոց

anillo

մատանի

aro

ականջօղ

gorra

գլխարկ

percha

կախիչ

sombrero

գլխարկ

corbata

փողկապ

cierre

շղթա

casco

սաղավարտ

tiradores

տաբատակալ

uniforme escolar

դպրոցական համազգեստ

uniforme

համազգեստ

babero

մանկական գոգնոց

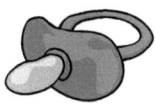

chupete

ծծակ

pañal

մանկական տակդիր

oficina

գրասենյակ

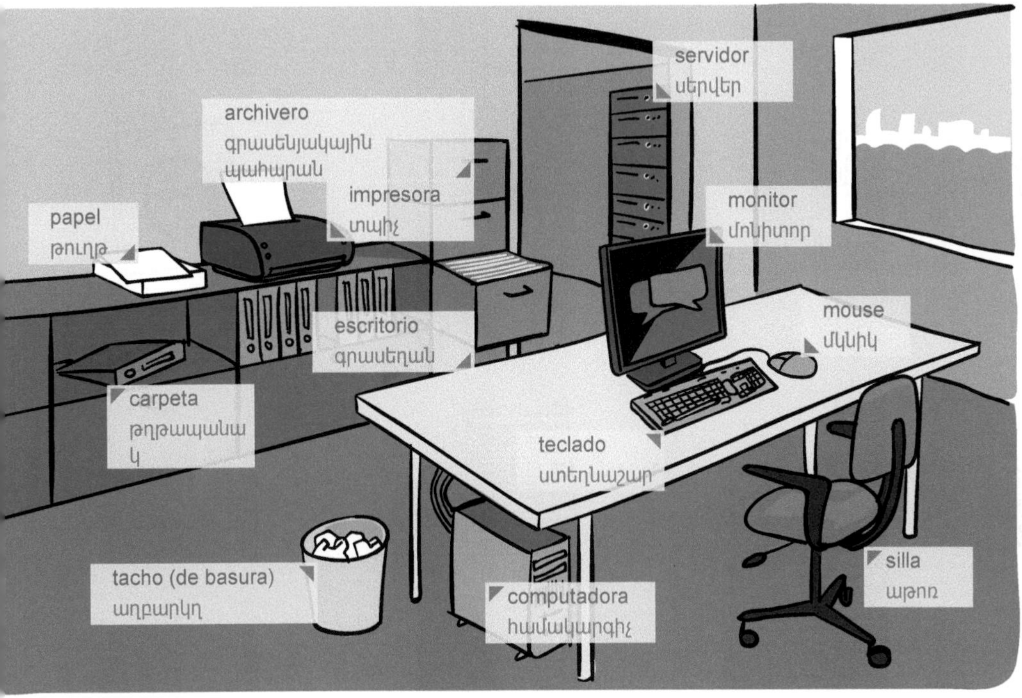

archivero
գրասենյակային
պահարան

impresora
տպիչ

papel
թուղթ

escritorio
գրասեղան

carpeta
թղթապանակ

servidor
սերվեր

monitor
մոնիտոր

mouse
մկնիկ

teclado
ստեղնաշար

tacho (de basura)
աղբարկղ

computadora
համակարգիչ

silla
աթոռ

taza de café

սուրճի գավաթ

calculadora

հաշվիչ

internet

ինտերնետ

laptop

laptop

carta

նամակ

mensaje

հաղորդագրություն

celular

բջջային հեռախոս

red

ցանց

fotocopiadora

պատճենահանման սարք

software

ծրագրային ապահովում

teléfono

հեռախոս

tomacorriente

վարդակ

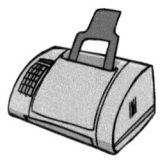

fax

ֆաքսի մեքենա

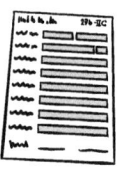

formulario

տեսակ

documento

փաստաթուղթ

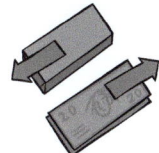

comprar

գնել

pagar

վճարել

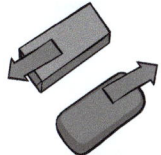

hacer negocios

առեւտրի

dinero

փող

dólar

դոլար

euro

եվրո

yen

իեն

rublo

ռուբլի

franco suizo

շվեյցարական ֆրանկ

yuan

յուան

rupia

ռուպի

cajero automático

բանկոմատ

casa de cambio

փոխանակման կետ

oro

ոսկի

plata

արծաթ

petróleo

նավթ

energía

էներգիա

precio

գին

contrato

պայմանագիր

impuesto

հարկ

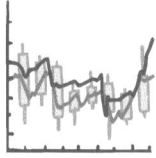

acción

ակցիաներ

trabajar

աշխատանք

empleado

ծառայող

empleador

գործատուն

fábrica

գործարան

negocio

խանութ

ocupaciones

մասնագիտություն

bombero
հրշեջ
policía
ոստիկան
cocinero
խոհարար
médico
բժիշկ
piloto
օդաչու

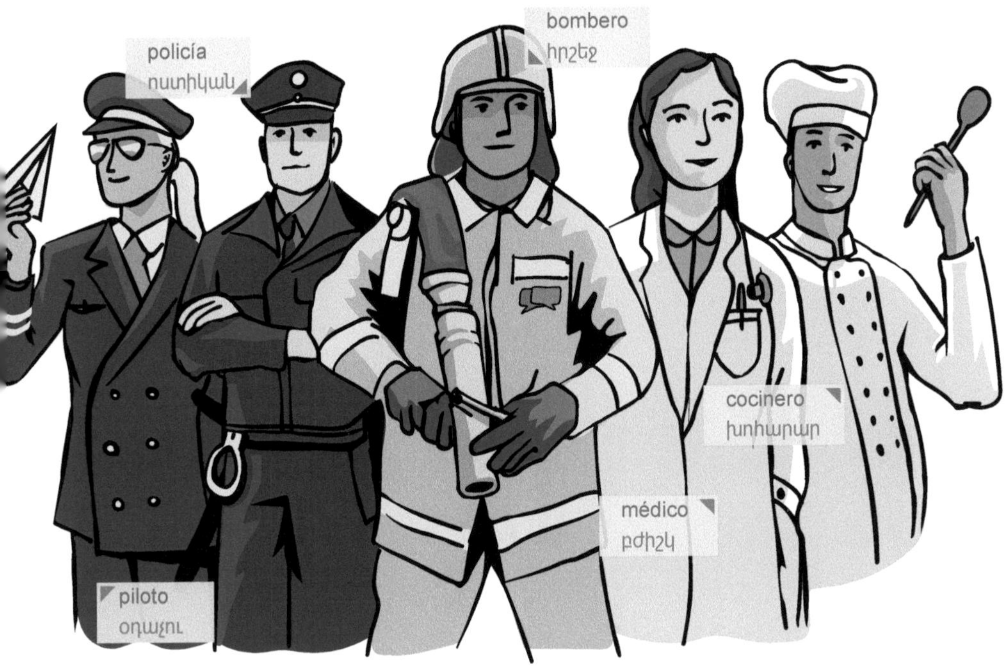

jardinero

այգեպան

carpintero

ատաղձագործ

modista

դերձակուհի

juez

դատավոր

farmacéutico

քիմիկոս

actor

դերասան

colectivero
....
ավտոբուսի վարորդ

taxista
....
տաքսու վարորդ

pescador
....
ձկնորս

mucama
....
հավաքարար

techista
....
տանիքագործ

mozo
....
մատուցող

cazador
....
որսորդ

pintor
....
նկարիչ

panadero
....
հացթուխ

electricista
....
էլեկտրատեխնիկ

albañil
....
շինարար

ingeniero
....
ինժեներ

carnicero
....
մսագործ

plomero
....
ջրմուղագործ

cartero
....
փոստարար

soldado

զինվոր

arquitecto

ճարտարապետ

cajero

գանձապահ

florista

ծաղկավաճառ

peluquero

վարսավիր

cobrador

տոմսավաճառ

mecánico

մեխանիկ

capitán

կապիտան

dentista

ատամնաբույժ

científico

գիտնական

rabino

ռաբբի

imán

Իմամ

monje

կուսակրոն

sacerdote

հոգեւորական

herramientas

գործիքներ

martillo
մուրճ
tenaza
տափակաբերան աքցան
destornillador
պտուտակահան
llave
դարձակ
linterna
լապտեր

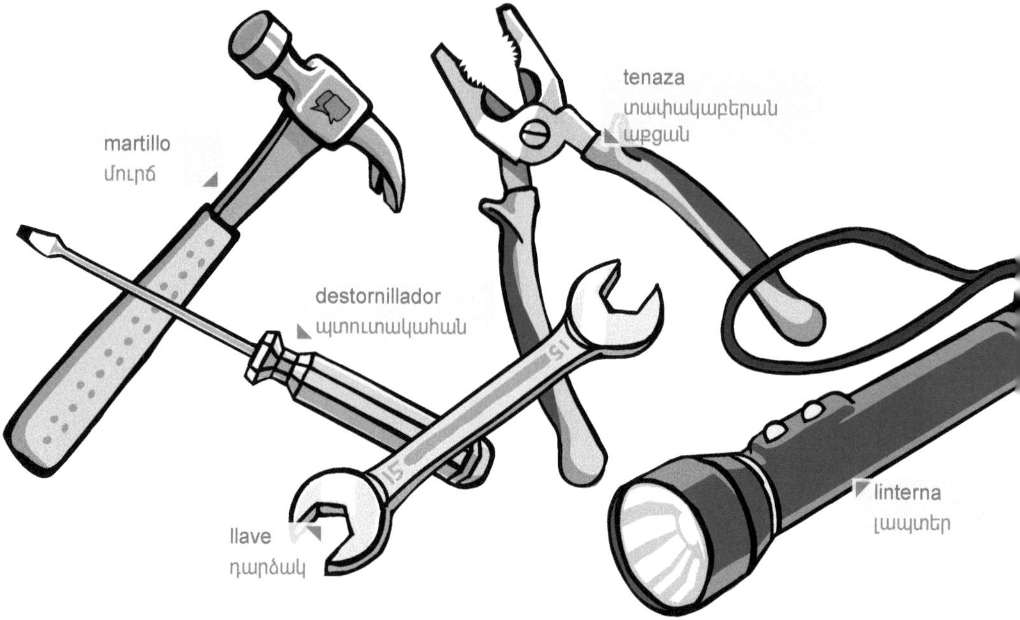

excavadora

էքսկավատոր

caja de herramientas

գործիքների տուփ

escalera portátil

սանդուղք

sierra

սղոց

clavos

մեխեր

taladro

գայլիկոն

arreglar
նորոգում

pala de jardín
բահ

¡Qué bronca!
գրողը տանի

pala de plástico
գոգաթիակ

tacho de pintura
ներկաման

tornillos
պտուտակներ

instrumentos musicales
երաժշտական գործիքներ

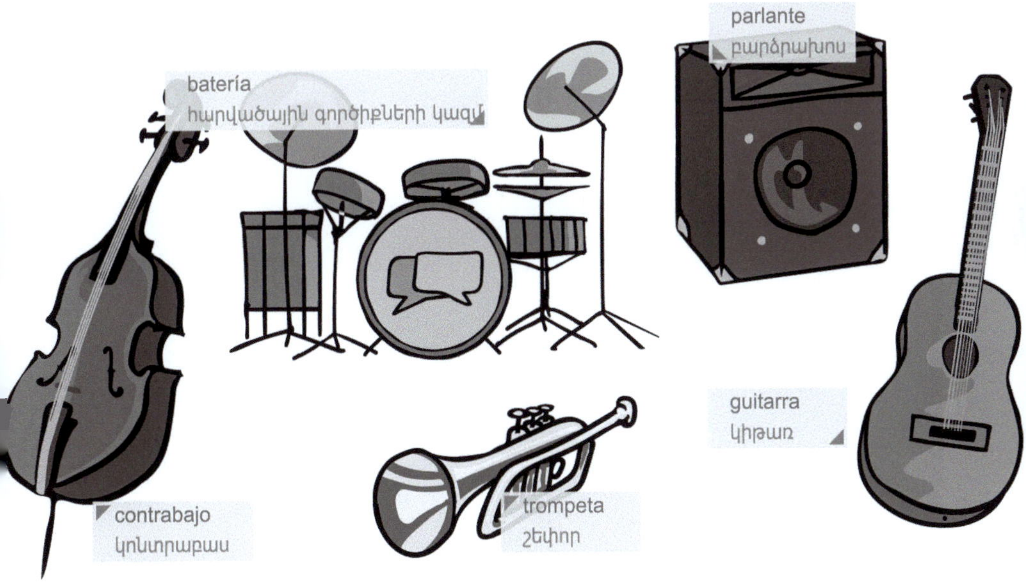

parlante
բարձրախոս

batería
հարվածային գործիքների կազմ

guitarra
կիթառ

contrabajo
կոնտրաբաս

trompeta
շեփոր

piano

դաշնամուր

violín

ջութակ

bajo

բաս

timbales

թմբուկներ

tambor

հարվածային գործիքներ

teclado

ստեղնաշար

saxofón

սաքսոֆոն

flauta

ֆլեյտա

micrófono

միկրոֆոն

instrumentos musicales - երաժշտական գործիքներ

zoológico

կենդանաբանական այգի

entrada
մուտք
tigre
վագր
jaula
վանդակ
cebra
զեբր
alimento para animales
կենդանիների կերակուր
oso panda
պանդա

animales

կենդանիներ

elefante

փիղ

canguro

կենգուրու

rinoceronte

ռնգեղջյուր

gorila

գորիլա

oso

գորշ արջ

camello

ուղտ

avestruz

ջայլամ

león

առյուծ

mono

կապիկ

flamenco

Ֆլամինգո

loro

թութակ

oso polar

բևեռային արջ

pingüino

պինգվին

tiburón

շնաձուկ

pavo real

սիրամարգ

serpiente

օձ

cocodrilo

կոկորդիլոս

cuidador del zoológico

կենդանաբանական այգու
աշխատող

foca

փոկ

jaguar

յագուար

poni

պոնի

leopardo

ընձառյուծ

hipopótamo

գետաձի

jirafa

ընձուղտ

águila

արծիվ

jabalí

վարազ

pescado

ձուկ

tortuga

կրիա

morsa

ծովացուլ

zorro

աղվես

gacela

վիթ

deportes
սպորտներ

fútbol americano
ամերիկյան ֆուտբոլ
ciclismo
հեծանվավազք
tenis
թենիս
básquet
բասկետբոլ
natación
լող
boxeo
բռնցքամարտ
hockey sobre hielo
հոկեյ

fútbol

ֆուտբոլ

bádminton

բադմինտոն

atletismo

աթլետիկա

handball

ձեռքի գնդակ

esquí

դահուկային սպորտ

polo

պոլո

reír
ծիծաղել
saltar
ցատկել
abrazar
գրկել
caminar
քայլել
cantar
երգել
soñar
երազել
rezar
աղոթել
besar
համբուրել

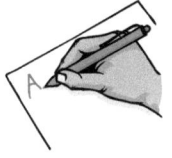

escribir
գրել

dibujar
նկարել

mostrar
ցույց տալ

presionar
հրել

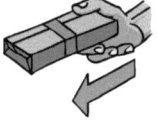

dar
տալ

tomar
վերցնել

tener

ունենալ

hacer

դեպի

ser

լինել

estar parado

կանգնել

correr

վազել

tirar

քաշել

tirar

նետել

caer

ընկնել

estar acostado

ստել

esperar

սպասել

llevar

կրել

estar sentado

նստել

vestirse

հագնվել

dormir

քնել

despertar

արթնանալ

mirar

նայել

llorar

լացել

acariciar

շոյել

peinar

սանրվել

hablar

խոսել

entender

հասկանալ

preguntar

հարցնել

escuchar

լսել

beber

խմել

comer

ուտել

ordenar

հարդարվել

amar

սիրել

cocinar

խոհարար

manejar

քշել

volar

թռչել

navegar

լողալ

calcular

հաշվել

leer

կարդալ

aprender

սովորել

trabajar

աշխատանք

casarse

ամուսնանալ

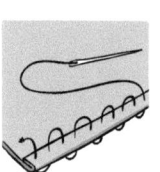

coser

կարել

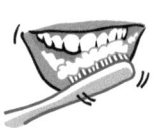

cepillarse los dientes

ատամները լվանալ

matar

սպանել

fumar

ծուխ

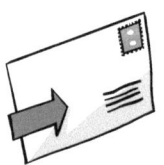

enviar

ուղարկել

66   actividades - գործունեություն

abuela
տատիկ

abuelo
պապիկ

padre
հայր

madre
մայր

bebé
երեխա

hija
դուստր

hijo
որդի

invitado

հյուր

tía

հորաքույր

tío

հորեղբայր

hermano

եղբայր

hermana

քույր

cuerpo
մարմին

frente
ճակատ
ojo
աչք
hombro
ուս
dedo
մատ
cara
դեմք
pera
կզակ
mano
ձեռք
pecho
կուրծք
pierna
ոտք
brazo
թև

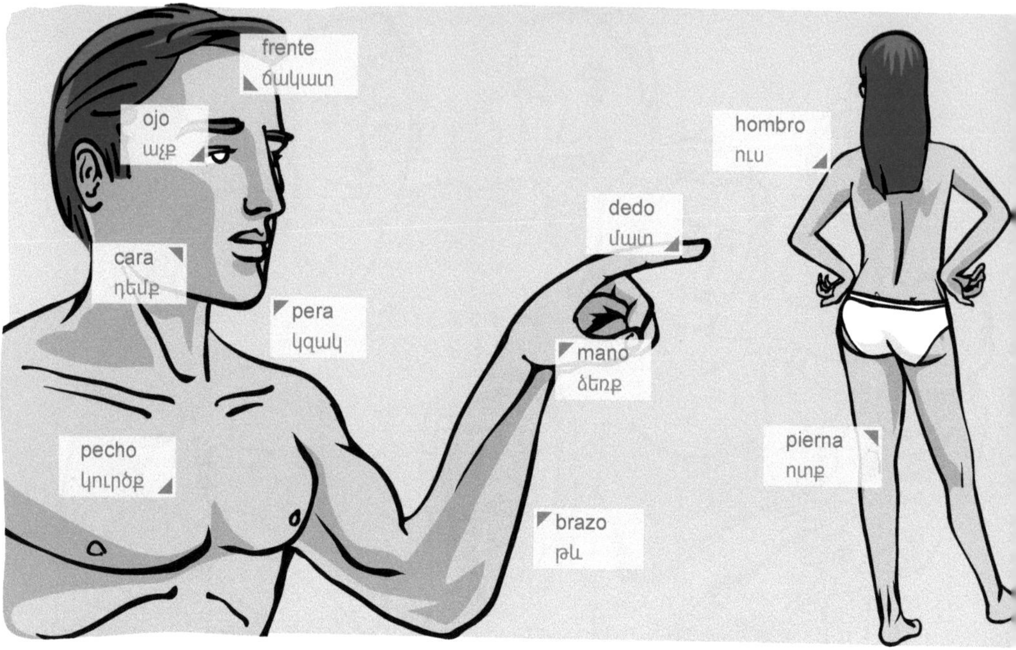

bebé
երեխա

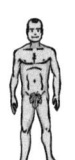

hombre
մարդ

mujer
կին

nena
աղջիկ

nene
տղա

cabeza
գլուխ

espalda

մեջք

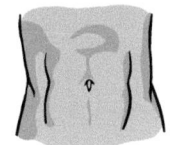

panza

փոր

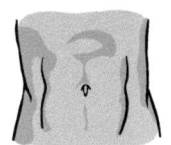

ombligo

պորտ

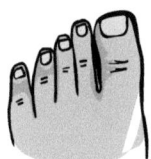

dedo del pie

ոտնամատ

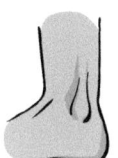

talón

կրունկ

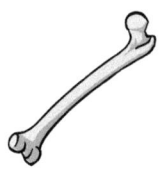

hueso

ոսկոր

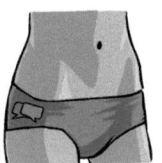

cadera

ազդր

rodilla

ծունկ

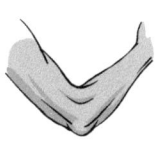

codo

արմունկ

nariz

քիթ

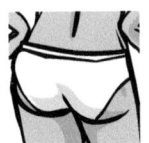

cola

հետույք

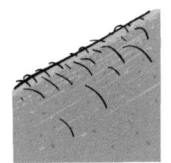

piel

մաշկ

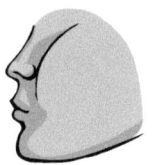

cachete

այտ

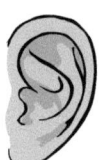

oreja

ականջ

labio

շրթունք

boca

բերան

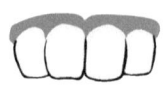

diente

ատամ

lengua

լեզու

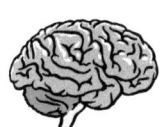

cerebro

ուղեղ

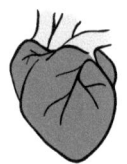

corazón

սիրտ

músculo

մկան

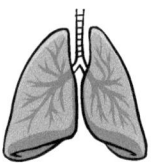

pulmón

թոք

hígado

լյարդ

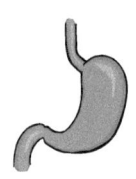

estómago

ստամոքս

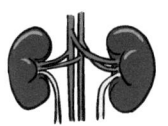

riñones

երիկամներ

sexo

սեքս

preservativo

պահպանակներ

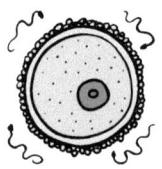

óvulo

ձվաբջիջը

semen

Սեմյոն

embarazo

հղիություն

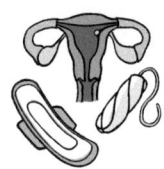

menstruación

դաշտան

vagina

հեշտոց

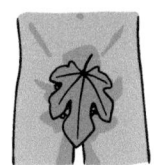

pene

առնանդամ

ceja

հոնք

pelo

մազ

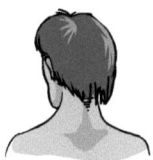

cuello

պարանոց

cuerpo - մարմին

hospital
հիվանդանոց

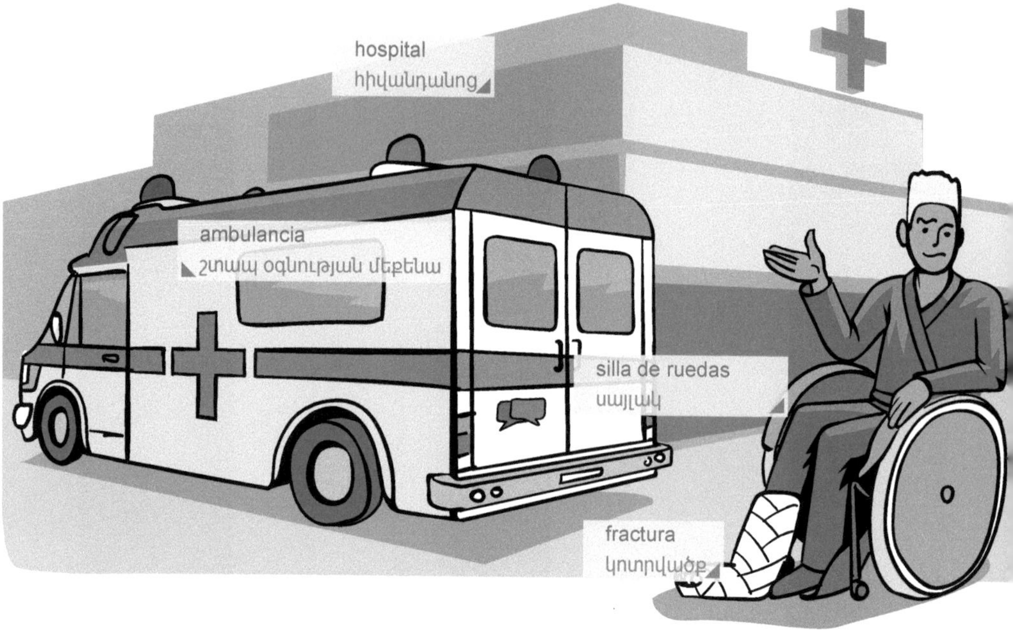

hospital
հիվանդանոց
ambulancia
շտապ օգնության մեքենա
silla de ruedas
սայլակ
fractura
կոտրվածք

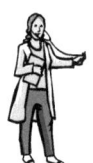

médico

բժիշկ

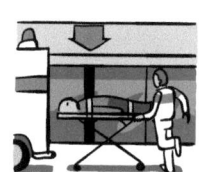

sala de guardia

շտապ օգնության սենյակ

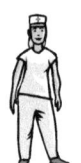

enfermera

բուժքույր

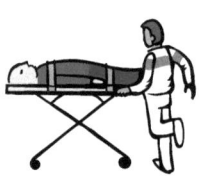

emergencia

շտապ օգնություն

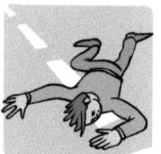

inconsciente

անգիտակից

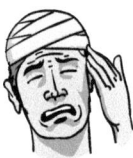

dolor

ցավ

lesión

վնասվածք

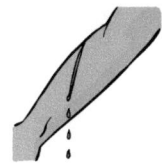

hemorragia

արյունահոսություն

infarto

սրտի կաթված

ACV

կաթված

alergia

ալերգիա

tos

հազ

fiebre

տենդ

gripe

գրիպ

diarrea

փորլուծություն

dolor de cabeza

գլխացավ

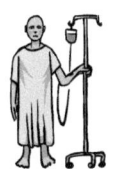

cáncer

քաղցկեղ

diabetes

դիաբետ

cirujano

վիրաբույժ

bisturí

վիրադանակ

operación

վիրահատություն

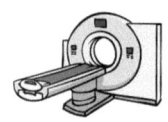

TC

CT

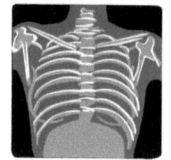

rayos x

ռենտգեն

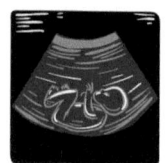

ecografía

ուլտրաձայնային

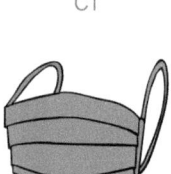

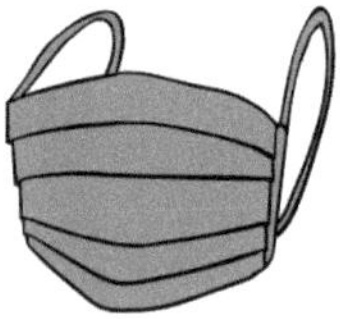

barbijo

դեմքի դիմակ

enfermedad

հիվանդություն

sala de espera

սպասասրահ

muleta

հենակ

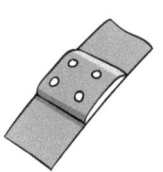

curita

սպեղանի

venda

վիրակապ

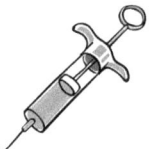

inyección

ներարկում

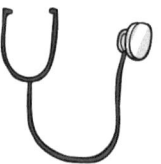

estetoscopio

լսափողակ

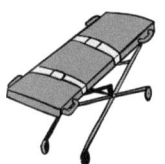

camilla

պատգարակ

termómetro

ջերմաչափ

nacimiento

ծնունդ

sobrepeso

ավելաքաշ

audífono

լսելով օգնության

desinfectante

ախտահանիչ

infección

վարակ

virus

վիրուս

VIH / SIDA

ՄԻԱՎ / ՁԻԱՀ

remedio

դեղորայք

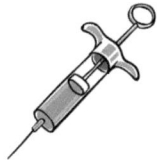

vacunación

պատվաստում

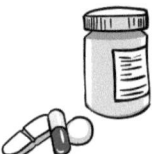

comprimidos

հաբեր

pastilla anticonceptiva

հաբ

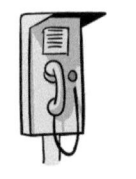

llamada de emergencia

ահազանգ

tensiómetro

արյան ճնշման չափիչ սարք

enfermo / sano

հիվանդ / առողջ

emergencia

Շտապ օգնություն

¡Ayuda!

Օգնություն!

alarma

տագնապի ազդանշան

agresión

հարձակում

ataque

հարձակում

peligro

վտանգ

salida de emergencia

վթարային ելք

¡Fuego!

Հրդեհ

matafuego

կրակմարիչ

accidente

վթար

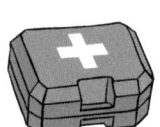

botiquín de primeros auxilios

առաջին օգնության դեղարկղ

SOS

SOS

policía

ոստիկանություն

Europa

Եվրոպա

América del Norte

Հյուսիսային Ամերիկա

América del Sur

Հարավային Ամերիկա

África

Աֆրիկա

Asia

Ասիա

Australia

Ավստրալիա

Atlántico

Ատլանտյան օվկիանոս

Pacífico

Խաղաղ օվկիանոս

Océano Índico

Հնդկական օվկիանոս

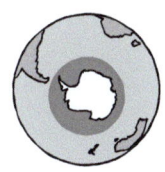

Océano Antártico

Հարավային Սառուցյալ օվկիանոս

Océano Ártico

Հյուսիսային Սառուցյալ օվկիանոս

polo norte

հյուսիսային բևեռ

polo sur

հարավային բևեռ

Antártida

Անտարկտիդա

Tierra

երկիր

tierra

ցամաք

mar

ծով

isla

կղզի

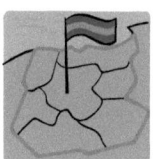

nación

ազգ

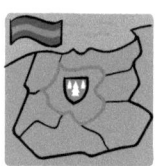

estado

պետական

reloj

ժամացույց

esfera

թվատախտակ

manecilla de las horas

ժամի սլաք

minutero

րոպեի սլաք

segundero

վայրկյանի սլաք

¿Qué hora es?

Ժամը քանիսն է?

día

օր

hora

այսպիսով

ahora

այժմ

reloj digital

թվային ժամացույց

minuto

րոպե

hora

ժամ

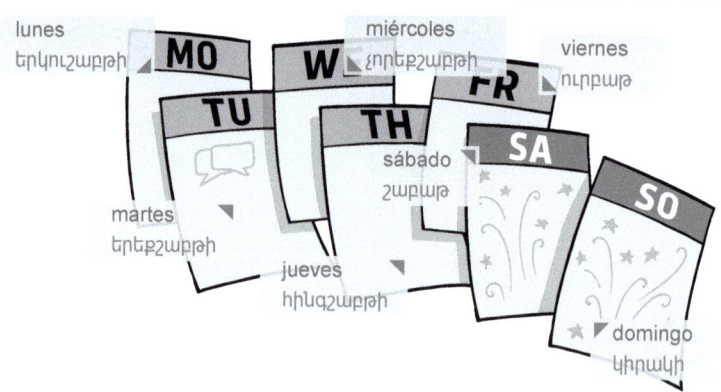

lunes
երկուշաբթի

miércoles
չորեքշաբթի

viernes
ուրբաթ

martes
երեքշաբթի

jueves
հինգշաբթի

sábado
շաբաթ

domingo
կիրակի

ayer

այսօր

hoy

այսօր

mañana

վաղը

mañana

առավոտ

mediodía

կեսօր

tarde

երեկո

días hábiles

աշխատանքային օրեր

fin de semana

շաբաթվա վերջ

lluvia
անձրև
arco iris
ծիածան
nieve
ձյուն
viento
քամի
primavera
գարուն
otoño
աշուն
verano
ամառ
invierno
ձմեռ

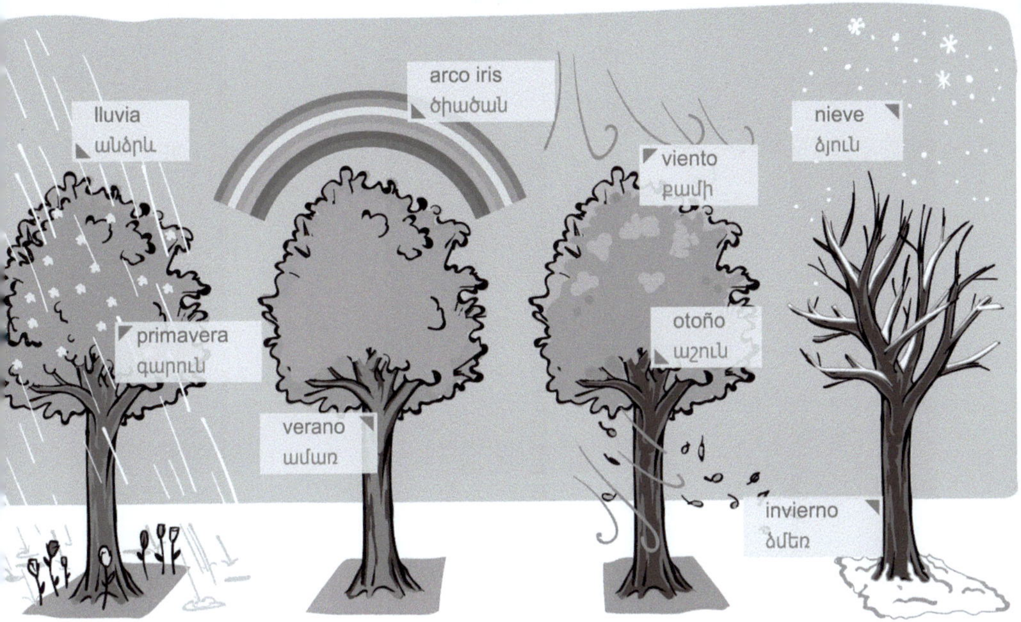

pronóstico meteorológico

եղանակի տեսություն

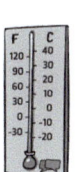

termómetro

ջերմաչափ

luz del sol

արևի լույս

nube

ամպ

niebla

մառախուղ

humedad

խոնավություն

rayo

կայծակ

trueno

որոտ

tormenta

փոթորիկ

granizo

կարկուտ

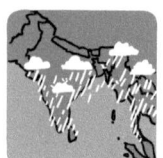

monzón

մուսոն

inundación

ջրհեղեղ

hielo

սառույց

enero

հունվար

febrero

փետրվար

marzo

մարտ

abril

ապրիլ

mayo

մայիս

junio

հունիս

julio

հուլիս

agosto

օգոստոս

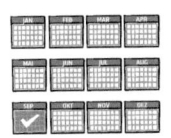

septiembre
սեպտեմբեր

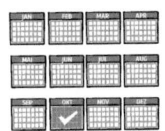

octubre
հոկտեմբեր

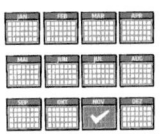

noviembre
նոյեմբեր

diciembre
դեկտեմբեր

formas
ձևավորում

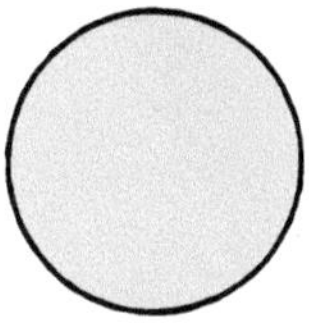

círculo
շրջան

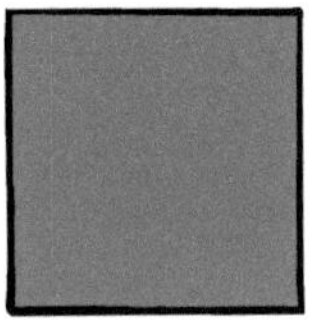

cuadrado
քառակուսի

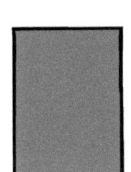

rectángulo
ուղղանկյունի

triángulo
եռանկյունի

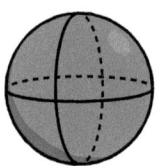

esfera
ասպարեզ

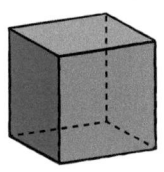

cubo
խորանարդ

colores

գույներ

blanco

վարդագույն

amarillo

մոխրագույն

naranja

դեղին

rosa

մանուշակագույն

rojo

կարմիր

violeta

շագանակագույն

azul

կապույտ

verde

սև

marrón

նարնջագույն

gris

սպիտակ

negro

կանաչ

opuestos

հակադիրներ

mucho / poco

շատ / քիչ

enojado / tranquilo

բարկացած / հանգիստ

lindo / feo

գեղեցիկ / տգեղ

principio / fin

սկսած / վերջը

grande / chico

մեծ / փոքր

claro / oscuro

պայծառ / մութ

hermano / hermana

եղբայրը / քույրը

limpio / sucio

մաքուր / կեղտոտ

completo / incompleto

ամբողջական / թերի

día / noche

օր / գիշեր

muerto / vivo

մեռած / կենդանի

ancho / angosto

լայն / նեղ

comestible / no comestible

ուտելի / անուտելի

malo / amable

չար / բարի

entusiasmado / aburrido

հուզված / ձանձրացրել

gordo / flaco

հաստ / բարակ

primero / último

առաջին / վերջին

amigo / enemigo

ընկերը / թշնամին

lleno / vacío

լիքը / դատարկ

duro / blando

կոշտ / փափուկ

pesado / liviano

ծանր / թեթև

hambre / sed

քաղց / ծարավ

enfermo / sano

հիվանդ / առողջ

ilegal / legal

անօրինական է / իրավաբանական

inteligente / estúpido

Խելացի / հիմարություն

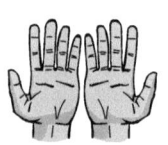

izquierda / derecha

ձախ / աջ

cerca / lejos

մոտիկ / հեռու

nuevo / usado

Նոր / օգտագործվում

nada / algo

ոչինչ / ինչ - որ բան

viejo / joven

ծեր / երիտասարդ

encendido / apagado

միացում անջատում

abierto / cerrado

բաց / փակ

silencioso / ruidoso

ցածր / բարձր

rico / pobre

հարուստ / աղքատ

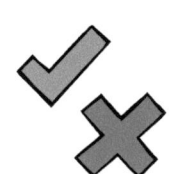

correcto / incorrecto

ճիշտ / սխալ

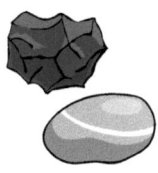

áspero / suave

անհարթ / հարթ

triste / contento

տխուր / ուրախ

corto / largo

կարճ / երկար

lento / rápido

դանդաղ / արագ

mojado / seco

թաց / չոր

caliente / frío

տաք / թույն

guerra / paz

պատերազմ / խաղաղությունը

números

թվեր

0	1	2
cero	uno	dos
զրո	մեկ	երկու
3	4	5
tres	cuatro	cinco
երեք	չորս	հինգ
6	7	8
seis	siete	ocho
վեց	յոթ	ութ
9	10	11
nueve	diez	once
ինը	տաս	տասնմեկ

12

doce

տասներկու

13

trece

տասներեք

14

catorce

տասնչորս

15

quince

տասնհինգ

16

dieciséis

տասնվեց

17

diecisiete

տասնյոթ

18

dieciocho

տասնութ

19

diecinueve

տասնինը

20

veinte

քսան

100

cien

հարյուր

1.000

mil

հազար

1.000.000

millón

միլիոն

idiomas

լեզուներ

inglés

անգլերեն

inglés americano

ամերիկյան անգլերեն

chino mandarín

չինարեն մանդարին

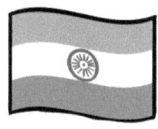

hindi

հինդի

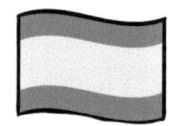

español

իսպաներեն

francés

ֆրանսերեն

árabe

արաբերեն

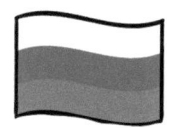

ruso

ռուսերեն

portugués

պորտուգալերեն

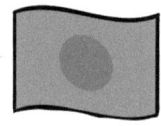

bengalí

բենգալերեն

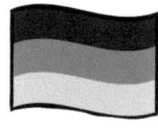

alemán

գերմաներեն

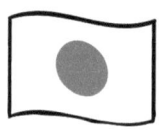

japonés

ճապոներեն

quién / qué / cómo

Ով է /, թե ինչ է /, ինչպես

yo

ես

vos

դուք

él / ella

Նա / նա /, որ դա

nosotros

մենք

ustedes

դուք

ellos

նրանք

¿quién?

Ով է?

¿qué?

ինչ?

¿cómo?

ինչպես?

¿dónde?

որտեղ.

¿cuándo?

երբ?

nombre

անուն

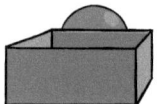

dónde

որտեղ

detrás

ետևում

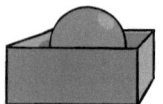

en

մեջ

adelante de

դիմաց

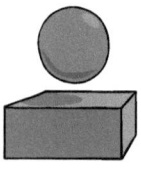

por encima de

վրա

sobre

վրա

debajo de

տակ

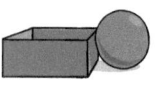

al lado de

կողքին

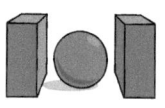

entre

միջեւ

lugar

տեղ